Alle Rechte vorbehalten
© 1998 Copyright by KDM Verlag, Berlin
Cover-Design: Nele Ellerich
Gestaltung / Satz / Notation: Alexander Härtel, Berlin
Druck: Kupijai & Prochnow, Berlin
ISBN 3-927503-40-1
ISMN M-50105-050-5
Bestell-Nr. 20984-41

# Inhaltsverzeichnis

Die Noten .................................................................. 5
Die Stammtöne ........................................................ 5
Die Notenschlüssel ................................................... 6
Die Notenhälse ........................................................ 7
Die Hilfslinien .......................................................... 8
Die Akkolade ........................................................... 8
Überblick über die Klaviatur ..................................... 9
Der Rhythmus ....................................................... 10
Notenwerte und Pausenzeichen .............................. 10
Die Punktierung .................................................... 12
Überbindung (Ligatur) ........................................... 12
Das Metrum .......................................................... 13
Der Takt ................................................................ 13
Die Taktarten ........................................................ 14
Der Auftakt ........................................................... 16
Der Taktwechsel .................................................... 16
Darstellung der Pausen .......................................... 16
Die „Faulenzer" ..................................................... 17
Wiederholungszeichen ........................................... 17
Die Triolen ............................................................ 18
Weitere Unterteilungen .......................................... 19
Triolenfeeling ........................................................ 19
Synkopen .............................................................. 20
Das Tempo ............................................................ 20
Artikulierungs- und Phrasierungszeichen ................ 22

*Einstieg in die Musik*

| | |
|---|---|
| Dynamik | 23 |
| Die Versetzungszeichen (Vorzeichen) | 24 |
| Die Vorzeichnung | 25 |
| Die Intervalle | 26 |
| Die Tonleitern | 29 |
| Temperierte Stimmung und Enharmonik | 36 |
| Quintenzirkel und Quintenspirale | 37 |
| Die chromatische Tonleiter | 39 |
| Die pentatonische Tonleiter | 39 |
| Die Ganztonleiter | 40 |
| Die Zigeunertonleitern | 40 |
| Die Bluestonleiter | 41 |
| Die „blue notes" | 41 |
| Die modalen Skalen (Kirchentonarten) | 42 |
| Die Akkorde | 43 |
| Die Akkordsymbolschrift | 45 |
| Die Alteration | 46 |
| Vorhalt | 52 |
| Die Kadenz | 53 |
| Einiges zur Melodie | 58 |
| Die wichtigsten Instrumente im Überblick | 60 |
| Gebräuchliche internationale Bezeichnungen und Abkürzungen | 71 |
| Gitarren- und Keyboardgriffe | 74 |
| Fachwortverzeichnis | 78 |
| CD-Index | 92 |

# Die Noten

Die Noten *(lat.* nota: „das Zeichen") dienen uns zur schriftlichen Festlegung von Tönen.
Grundlage für die Notenschrift ist das fünfzeilige Liniensystem, das uns die Darstellung der Tonhöhe ermöglicht.
Wir unterscheiden zwischen:

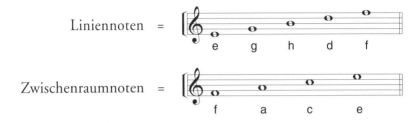

# Die Stammtöne

Die Grundlage zur Benennung der *Tonhöhe* sind die sieben Stammtöne. Darstellung auf der Klaviertastatur *(C-Dur-Tonleiter)*:

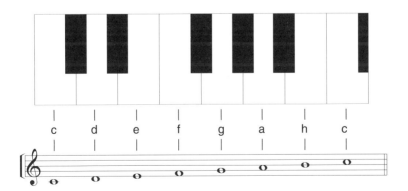

# Die Notenschlüssel

Notenschlüssel sind Symbole, durch die die genaue Tonhöhe am Anfang des Notensystems festgelegt wird.

**Der Violinschlüssel** (G-Schlüssel)
Der Violinschlüssel umschließt die 2. Linie und gibt die Note $g^1$ an.

**Der Baßschlüssel** (F-Schlüssel)
Der Baßschlüssel legt den Ton f fest. Die 4. Linie, auf der dieser Ton liegt, wird von Doppelpunkten umschlossen.

*Beispiel (1. Violinschlüssel; 2. Baßschlüssel):*

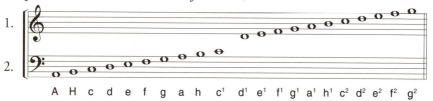

## Weitere Schlüssel

Die C-Schlüssel („Alte" Schlüssel) können auf jeder Linie stehen. Die Festlegung erfolgt durch das eingestrichene C ($c^1$).

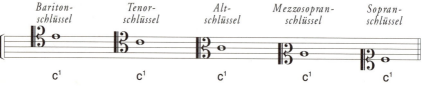

Gebräuchlich sind heute noch der Altschlüssel (Viola) und der Tenorschlüssel (Violoncello, Fagott und Tenorposaune).

# Die Notenhälse

Sie werden folgendermaßen dargestellt:
- unter der 3. Linie rechts vom Kopf nach oben;
- auf und über der 3. Linie links vom Kopf nach unten.

z.B.:

Verbindet man mehrere Noten unter einem Balken, ist immer die Note entscheidend, die am weitesten von der Mittellinie entfernt ist.
z.B.:

Der Hals zeigt immer nach unten, wenn die Abstände der Noten zur Mittellinie gleich sind.
z.B.:

## Die Hilfslinien

Die sogenannten Hilfslinien kommen zur Anwendung, wenn das fünfzeilige Liniensystem nicht mehr ausreicht.

Zu viele Hilfslinien lassen sich vermeiden, wenn man die höchsten Noten eine Oktave tiefer notiert und das Zeichen 8$^{va}$-------- oder 8-------- darüber setzt.

Die tiefen Noten notiert man eine Oktave höher mit dem Zeichen darunter: 8$^{va\ bassa}$------ oder 8$^{va}$-------- oder 8-------- .

z.B.:

## Die Akkolade

Benötigt man für ein Instrument mehrere Liniensysteme, werden diese durch eine Klammer, die man Akkolade nennt, verbunden.

# Überblick über die Klaviatur

Noten – Violin- und Baßschlüssel – Oktavbereiche
(einheitlich als C-Dur-Tonleitern dargestellt)

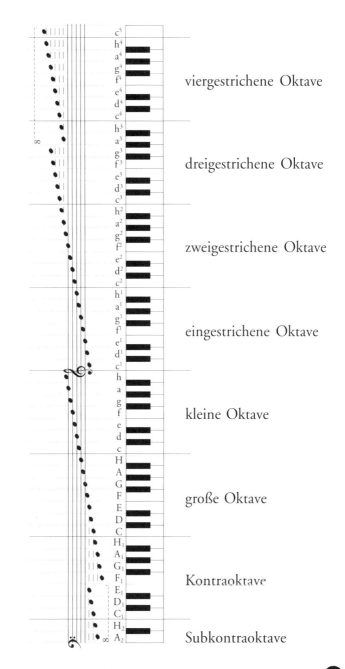

# Der Rhythmus

Der Besuch eines Sinfonie-, Jazz- oder Rockkonzertes, genauso wie der Aufenthalt in einer Discothek zeigen uns, wie der Rhythmus eines Musikstückes unsere Emotionen beeinflussen kann.
Was aber ist genau unter Rhythmus zu verstehen?
Im engeren Sinne definiert sich der Rhythmus über die Beziehungen der einzelnen Notenwerte untereinander. Wir aber wollen den Begriff Rhythmus im weitesten Sinne betrachten. Danach ist der Rhythmus ein Zusammenwirken von unterschiedlichen Notenwerten, Metrum und Tempo. Wir können ihn als zeitlich ordnendes Element beim Ablauf von Musik bezeichnen.

## Notenwerte und Pausenzeichen

An der Gestalt einer Note lassen sich Tondauer und Notenwert ablesen.

- = Ganze
- = Halbe
- = Viertel
- = Achtel
- = Sechzehntel
- = Zweiunddreißigstel
- = Vierundsechzigstel

Analog zu jedem Notenwert gibt es auch jeweils ein entsprechendes Pausenzeichen.

Folgende Tabelle zeigt das Verhältnis der Notenwerte zueinander.

*Hinweis:* Mit Hilfe eines Notenbalkens können mehrere Noten bei Beachtung der metrischen Schwerpunkte (s. Metrum) zusammengefaßt werden. Man erhält so eine bessere Übersicht beim Notenlesen.

◉ **CD 01**

## Die Punktierung

Ein Punkt hinter der Note oder Pause verlängert diese um die Hälfte ihres Wertes.
z.B.:

Zwei Punkte verlängern den Wert um die Hälfte und deren Hälfte.

## Überbindung (Ligatur)

Die Verlängerung des Wertes einer Note kann über den Taktstrich hinaus auch durch einen Haltebogen erfolgen.
z.B.:

## Das Metrum (*griech.* mètron: „das Maß")

Metrum ist das Verhältnis von betonten und unbetonten Zählzeiten. Die metrischen Betonungen (Akzente) in den geläufigsten Taktarten, z.B.:

## Der Takt (*lat.* tactus: „das Berühren", „der Schlag")

Der Takt ist die Maßeinheit des rhythmischen und zeitlichen Ablaufes eines Musikstückes. Er ist metrisches Ordnungsprinzip. Seine Begrenzung erfolgt durch die **Taktstriche**.
z.B.:

Takt-        Takt-        Doppel-        Schluß-
angabe      strich        strich           strich

## Die Taktarten

Die **Taktart** wird hinter dem Notenschlüssel als Bruch angegeben. Hierbei unterscheiden wir **Taktzähler** (obere Zahl) und **Taktnenner** (untere Zahl). Die gebräuchlichsten Formen sind der 4/4- (gerader) Takt und der 3/4- (ungerader) Takt.

z.B.:

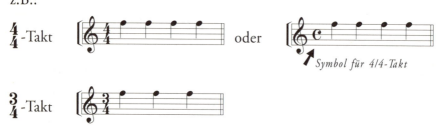

Wir unterscheiden zwischen folgenden Taktarten:

1. **Gerade Taktarten** (Zweiertakte)
   Wechsel von betont und unbetont
   z.B.: 2/8 , 2/4 , 2/2

alla breve (*ital.:* „in Halben") = Bezeichnung für einen 2/2-Takt

2. **Ungerade Taktarten** (Dreiertakte)
   Wechsel von betont – unbetont – unbetont
   z.B.: $\frac{3}{8}$ , $\frac{3}{4}$ , $\frac{3}{2}$

$\frac{3}{8}$-Takt

3. **Zusammengesetzte Taktarten**
   Hauptbetonung auf der 1
   z.B.: $\frac{4}{8}$ , $\frac{4}{4}$ , $\frac{4}{2}$ , $\frac{6}{8}$ , $\frac{6}{4}$ , $\frac{12}{8}$

$\frac{6}{8}$-Takt

$\frac{12}{8}$-Takt

zusammengesetzter Dreiertakt, z.B.: $\frac{9}{8}$

4. **Kombinierte Taktarten**
   gemischte Form zwischen Zweier- und Dreiertaktarten
   z.B.: $\frac{5}{4}$ , $\frac{7}{4}$

5. **Ungleichmäßiger Takt**
   kommt u.a. in der Balkan-Folklore vor
   z.B.: $\frac{5}{4}$

## Der Auftakt

Im Gegensatz zum bereits bekannten Volltakt kann am Anfang eines Musikstückes auch ein unvollkommener Takt stehen, den man Auftakt nennt. Er wird durch den letzten Takt zum vollen Takt ergänzt.
z.B.:

„Oh Susanna"  Traditional

usw.

## Der Taktwechsel

Mit dem Wechsel der Taktart innerhalb eines Titels ist es möglich, den musikalischen Spannungsbogen zu erhöhen.
z.B.:

„All You Need Is Love"  J. Lennon, P. McCartney

usw.

## Darstellung der Pausen

**Hinweis:** Die Darstellung der ganzen Pause kann für jede Taktart verwendet werden, die der halben Pause in der ersten oder zweiten Hälfte eines 4/4-Taktes.

# Die „Faulenzer"

z.B.:  Das Zeichen bedeutet, daß der vorangegangene Takt wiederholt werden soll.

z.B.:  Bei diesem Zeichen müssen beide vorangegangenen Takte wiederholt werden.

## Wiederholung gleicher Tonfiguren

# Wiederholungszeichen

Alle Takte innerhalb der Zeichen ||: :|| werden wiederholt.

„The Final Countdown"  *Joey Tempest*

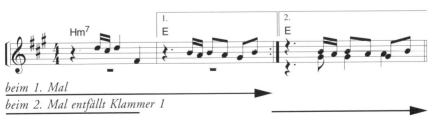

beim 1. Mal
beim 2. Mal entfällt Klammer 1

*Einstieg in die Musik*

# Die Triolen

Neben den geraden (zweifachen) Unterteilungen der Notenwerte gibt es auch mehrfache Aufteilungen.
Die bekannteste Form ist die Triole (*ital.:* „drei für zwei").
Bei dieser rhythmischen Variante wird ein zweiteiliger Notenwert dreifach unterteilt, z.B.:

Die Halbe-Triole (Zweiteltriole) entspricht:

Die Vierteltriole         entspricht:

Die Achteltriole          entspricht:

Die Sechzehnteltriole     entspricht:

## Weitere Unterteilungen

Es gibt neben den Triolen noch andere Formen der Zusammenfassung mehrerer Noten der nächst kleineren rhythmischen Notengattung.
z.B.:

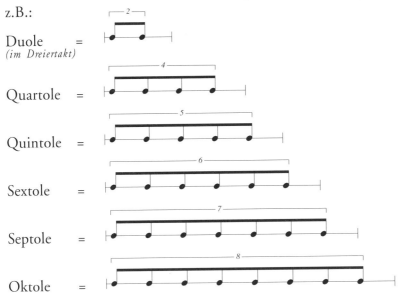

Duole = (im Dreiertakt)

Quartole =

Quintole =

Sextole =

Septole =

Oktole =

## Triolenfeeling

In der Blues-, Jazz- und Rockmusik kennen wir das Musizieren im sogenannten Triolenfeeling (ternäre Spielweise, „Swing").
Notierte Achtelunterteilungen werden hier beim Spiel wie Triolen behandelt, z.B.:

⊙ CD 03

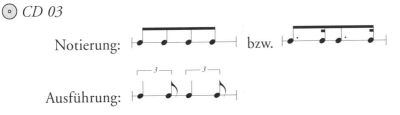

Notierung: bzw.

Ausführung:

*Einstieg in die Musik*

## Synkopen

Hierbei wird der Akzent einer betonten Taktzeit auf eine unbetonte verschoben, z.B:

◉ CD 04

## Das Tempo

Die Geschwindigkeit, mit der ein Musikstück gespielt wird, bezeichnen wir als Tempo. Es ist in der Musik das Zeitmaß; die Tempowahl bestimmt gleichzeitig die Dauer eines Taktes.
Die unterschiedlichen Tempi werden vom Charakter des jeweiligen Musikstückes geprägt. Gemessen wird das Tempo in Schlägen pro Minute (*engl.* beats per minute, bpm).

**Relative Tempoangaben\* sind z.B.:**

| | | |
|---|---|---|
| *largo (ital.)* | = | sehr langsam, breit |
| *andante (ital.)* | = | mäßig langsam, gehend |
| *allegretto (ital.)* | = | mäßig schnell, wenig bewegt |
| *moderato (ital.)* | = | mäßig |
| *allegro (ital.)* | = | lebhaft |
| *presto (ital.)* | = | schnell |
| *slow (engl.)* | = | langsam |
| *medium (engl.)* | = | mittleres Tempo |
| *quickly (engl.)* | = | lebhaft |
| *fast (engl.)* | = | schnell |

\* *s.a. Fachwortverzeichnis im Anhang*

**Genaue Tempoangaben sind z.B.:**

    8 Takte   =   10 Sekunden
    Viertel    =   80 bpm (z.B. bei einer Rockballade)

Mit Hilfe eines Metronoms kann man das Tempo eines Musikstückes, insbesondere für Übungszwecke, genau festlegen.

z.B.: Mälzels Metronom (= MM) = 110,
      d.h.: 110 Viertel pro Minute
      ♩ = 110


**Bezeichnung für die Veränderung des Tempos***

| | | |
|---|---|---|
| *accelerando, accel. (ital.)* | = | schneller werdend |
| *ritardando, ritard., rit. (ital.)* | = | langsamer werdend |
| *rubato (ital.)* | = | freie Wahl des Tempos |
| *a tempo (ital.)* | = | Wiederaufnahme des ursprünglichen Tempos |


**Weitere Angaben sind z.B.:**

| | | |
|---|---|---|
| *freely (engl.)* | = | frei im Vortrag |
| *rhythm off (engl.)* | = | ohne Rhythmus |

---

\*   *s.a. Fachwortverzeichnis im Anhang*

# Artikulierungs- und Phrasierungszeichen

Diese Zeichen geben an, wie die einzelnen Töne interpretiert werden sollen. Phrasierung ist die musikalische Gliederung von Tongruppen. Hierbei werden die betonten Noten mit einem Akzent versehen.
Bei der Artikulation geht es um unterschiedliche Interpretationen von Tonlängen.
z.B.:

 CD 05

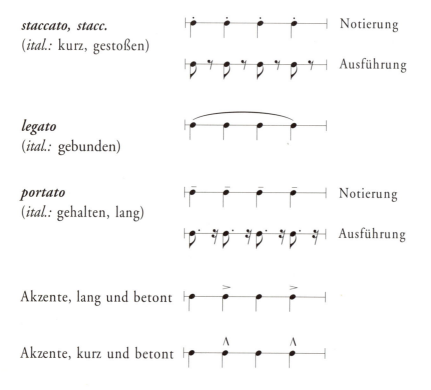

# Dynamik *(griech.* dýnamis: „Kraft")

Die Dynamik ist die Lehre von der Lautstärke und beschäftigt sich mit der Folge unterschiedlicher Tonstärkegrade innerhalb eines Musikstückes. Neben Tondauer, Tonhöhe und Klangfarbe ist die Tonstärke eine wichtige Komponente der Tonqualität.

Dynamische Bezeichnungen sind z.B.:

| | | | |
|---|---|---|---|
| *pp* | = | pianissimo *(ital.)* | = sehr leise |
| *p* | = | piano *(ital.)* | = leise |
| *mf* | = | mezzoforte *(ital.)* | = mittelstark |
| *f* | = | forte *(ital.)* | = stark, laut |
| *ff* | = | fortissimo *(ital.)* | = sehr stark |
| *sfz* | = | sforzato *(ital.)* | = plötzlich verstärkt |
| *cresc.* | ⟨ = | crescendo *(ital.)* | = lauter werdend |
| *decresc.* | ⟩ = | decrescendo *(ital.)* | = leiser werdend |

# Die Versetzungszeichen (Vorzeichen)

Diese Zeichen stehen unmittelbar vor der Note und gelten in der Regel für einen Takt.

Man unterscheidet folgende Versetzungszeichen:

das Kreuz  erhöht die Note um einen Halbton

das B ♭ erniedrigt um einen Halbton

das Doppelkreuz 𝄪 erhöht um zwei Halbtöne (einen Ganzton)

das Doppel-B ♭♭ erniedrigt um zwei Halbtöne (einen Ganzton)

Durch das **Auflösungszeichen** ♮ werden die Versetzungszeichen aufgehoben, z.B.:

Wenn nach einem ✕ ein einfaches ♯ folgen soll, genügt die Darstellung eines ♯ oder auch ♮♯ .
Bei ♭ nach ♭♭ notiert man ♭ oder ♮♭ .

# Die Vorzeichnung

Man versteht darunter **Vorzeichen**, die am Anfang eines Musikstückes die Tonart bestimmen.

z.B.:

„I Saw Her Standing There" (E-Dur)  *John Lennon, Paul McCartney*

*usw.*

# Die Intervalle

Den Abstand zwischen zwei Tönen bezeichnet man als **Intervall** (*lat.* intervallum: „Zwischenraum"). Wir unterscheiden zwischen melodischem Intervall in einem Melodieverlauf (sukzessiv) und harmonischem Intervall als Zweiklang (simultan).

**Überblick über die Intervalle** (einheitlich über $c^1$ errichtet)

### Septime

### Oktave (Einklang)

### None (Oktave + Sekunde)

### Dezime (Oktave + Terz)

### Undezime (Oktave + Quarte)

### Duodezime (Oktave + Quinte)

### Tredezime, Terzdezime (Oktave + Sexte)

*Einstieg in die Musik*

**Tritonus** (*lat.:* „Dreitonschritt")

Als Tritonus bezeichnen wir die übermäßige Quarte, weil sie aus einer Folge von drei Ganztönen besteht (z.B.: f – h).

**Komplementärintervalle** (Ergänzungsintervalle)

Sich zu einer Oktave ergänzende Intervalle heißen Komplementärintervalle (z.B.: Prime und Oktave, Sekunde und Septime, Terz und Sexte, Quarte und Quinte).

# Die Tonleitern (*engl.* scale)

Tonleitern (auch: Skalen) sind eine geordnete stufenweise Folge von Tönen, wobei man zwischen Halbtönen und Ganztönen unterscheidet. Im musikalischen Gebrauch werden verschiedene Tonleitern verwendet, die sich in ihrem Aufbau unterscheiden.
Die Tonfolgen können Halb-, Ganz- oder Eineinhalbtonschritte sein.
Die einzelnen Töne stehen in einem funktionalen Zusammenhang zum Grundton. Die wichtigsten Tonleiterarten sind die Dur- und Molltonleitern.
Den spezifischen Wechsel von Ganz- und Halbtonstufen nennen wir Diatonik (*griech.:* „durch die Töne").
Die sieben Töne einer Tonleiter nennt man leitereigene Töne.

## Die Durtonleiter (*lat.* durus: „hart"; *engl.* major)
Die weißen Tasten auf der Klaviertastatur von c bis c sind die Töne der C-Dur-Tonleiter mit folgenden Abständen:
    2 Ganztöne – 1 Halbton – 3 Ganztöne – 1 Halbton

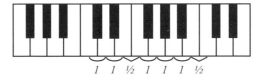

*(Tonschritte)*     1   1   ½   1   1   1   ½

Jede Durtonleiter setzt sich aus zwei gleichen Hälften zusammen, die wir **Tetrachorde** (*griech.:* „Vierklang") nennen. Die große Terz zwischen dem 1. und dem 3. Ton im 1. Tetrachord ist das charakteristische Intervall.

Bei den sieben Tönen jeder Durtonleiter ist der Abstand vom 3. zum 4. und vom 7. zum 8. ein Halbtonschritt.

**z.B.: C-Dur-Tonleiter**

CD 06

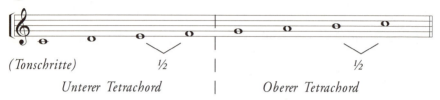

(Tonschritte)        ½    |    ½

    Unterer Tetrachord   |   Oberer Tetrachord

Der Ton f in der C-Dur-Tonleiter ist ein *Gleitton* und h ist ein *Leitton* (*engl.* leading note). Leit- und Gleittöne streben, bedingt durch ihre melodische oder harmonische Bedeutung, zur Auflösung in einen Zielton, der immer einen Halbtonschritt entfernt ist. Die Bewegungsrichtung der Leittöne ist steigend, die der Gleittöne fallend.

z.B.:

       Gleitton                   Leitton

**Die Molltonleitern** (*lat.* mollis: „weich"; *engl.* minor)
Jede Durtonleiter hat eine parallele Molltonleiter, die eine kleine Terz tiefer beginnt. Ein Beispiel:

## C-Dur und a-Moll

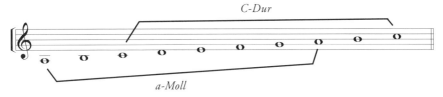

Die Vorzeichen dieser Skalen sind jeweils identisch.
Bei der Molltonleiter ist die kleine Terz zwischen 1. und 3. Ton im 1. Tetrachord das charakteristische Intervall. Wir unterscheiden drei Arten von Molltonleitern, bei denen im 2. Tetrachord Abweichungen auftreten.

## 1. reines bzw. natürliches Moll
⊙ CD 07

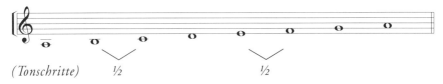

Merkmale:
- unterschiedlicher Aufbau der Tetrachorde
- kein Leittonschritt von der 7. zur 8. Stufe
- Halbtonschritte: 2. zu 3. und 5. zu 6. Stufe

## 2. harmonisches Moll

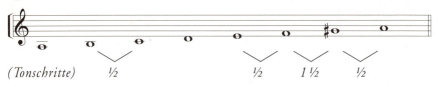

**Merkmale:**
- auf der 7. Stufe wird ein „künstlicher" Leitton erzeugt
- von der 6. zur 7. Stufe entsteht ein 1½-Tonschritt
- Halbtonschritte: 2. zu 3., 5. zu 6. sowie 7. zu 8. Stufe

## 3. melodisches Moll

*aufsteigend*

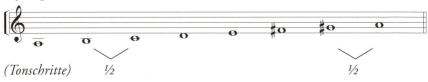

*absteigend*

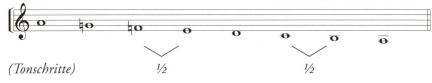

**Merkmale:**
- melodisch aufsteigend: 2. zu 3. und 7. zu 8. Stufe sind Halbtonschritte
- melodisch absteigend: 2. zu 3. und 5. zu 6. Stufe sind Halbtonschritte (wie beim reinen Moll)

# Aufbau der Dur- und Molltonleitern mit Dreiklängen und Akkordsymbolen

| Tonart | Durtonleiter | Dreiklänge | Akkordsymbole | Parallele Molltonart |
|---|---|---|---|---|
| C-Dur | | = | C | a-Moll |
| G-Dur | | = | G | e-Moll |
| D-Dur | | = | D | h-Moll |
| A-Dur | | = | A | fis-Moll |
| E-Dur | | = | E | cis-Moll |
| H-Dur | | = | H | gis-Moll |
| Fis-Dur | | = | F♯ | dis-Moll |
| Cis-Dur | | = | C♯ | ais-Moll |
| F-Dur | | = | F | d-Moll |
| B-Dur | | = | B♭ | g-Moll |
| Es-Dur | | = | E♭ | c-Moll |
| As-Dur | | = | A♭ | f-Moll |
| Des-Dur | | = | D♭ | b-Moll |
| Ges-Dur | | = | G♭ | es-Moll |
| Ces-Dur | | = | C♭ | as-Moll |

*Einstieg in die Musik*

## Molltonleitern

*Hinweis:* Dreiklänge und Akkordsymbole werden in den folgenden Kapiteln erklärt.

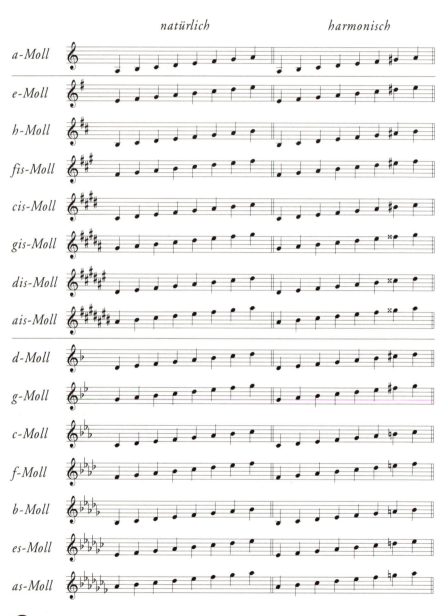

# Molltonleitern (Fortsetzung)

| | | *melodisch* | | *Dreiklänge* | *Akkordsymbole* |
|---|---|---|---|---|---|
| *a-Moll* | | | = | | Am |
| *e-Moll* | | | = | | Em |
| *h-Moll* | | | = | | Hm |
| *fis-Moll* | | | = | | F♯m |
| *cis-Moll* | | | = | | C♯m |
| *gis-Moll* | | | = | | G♯m |
| *dis-Moll* | | | = | | D♯m |
| *ais-Moll* | | | = | | A♯m |
| *d-Moll* | | | = | | Dm |
| *g-Moll* | | | = | | Gm |
| *c-Moll* | | | = | | Cm |
| *f-Moll* | | | = | | Fm |
| *b-Moll* | | | = | | B♭m |
| *es-Moll* | | | = | | E♭m |
| *as-Moll* | | | = | | A♭m |

*Einstieg in die Musik*

# Temperierte Stimmung und Enharmonik

Die temperierte Stimmung entsteht durch die Teilung der Oktave in 12 gleiche Halbtöne. Alle sich ergebenden minimalen Unreinheiten einiger Tonabstände sind kaum wahrnehmbar.
Rein ist nur die Oktave im Schwingungsverhältnis 1:2.
Die temperierte Stimmung – bereits 1691 (Erstdruck verschollen) durch Andreas Werckmeister eingeführt – ist z.B. bei allen Tasteninstrumenten zu finden. Bedingt durch diese Stimmung ergeben sich verschiedene Tonnamen für ein und dieselbe Klaviertaste, z.B. fis = ges. Es handelt sich hierbei um eine **enharmonische Verwechslung**.

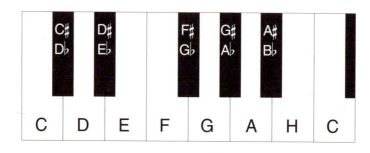

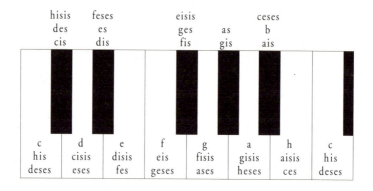

# Quintenzirkel und Quintenspirale

Der Quintenzirkel ist ein Hilfsmittel, um die Quintverwandtschaft der Dur- und Molltonleitern zu veranschaulichen.
Grundlage ist die temperierte Stimmung, da eigentlich keine Ringschließung erfolgt, denn die zwölfmal übereinander geschichtete Quinte ergibt eigentlich ein his und kein c.

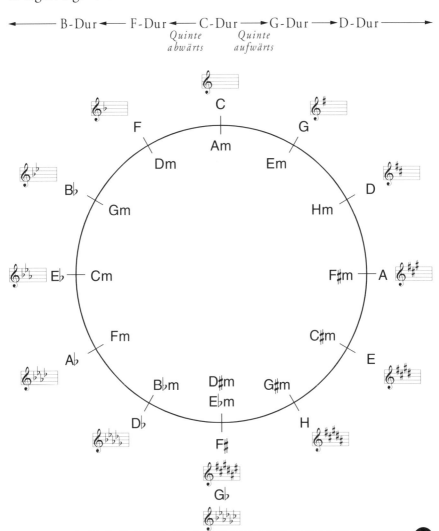

Bei reiner Stimmung, in der fis und ges differieren, verwendet man den Begriff Quintenspirale.

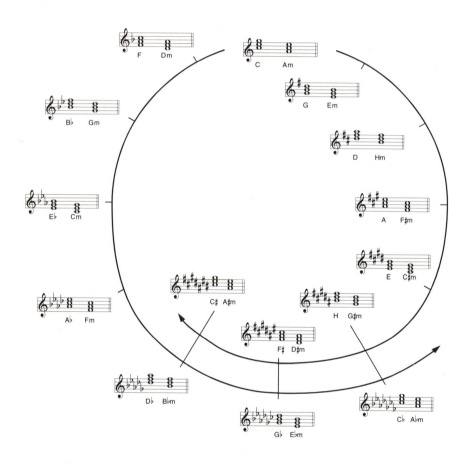

## Die chromatische Tonleiter
Diese Tonleiter besteht aus der Folge aller 12 Halbtöne innerhalb einer Oktave.

**Chromatische Tonleiter**
◉ CD 10

aufwärts

abwärts

## Die pentatonische Tonleiter
Diese Skala besteht aus einer 5-Ton-Reihe (*griech.* pente: „fünf"). Ihr Ursprung liegt in frühen außereuropäischen Kulturkreisen.

In der Blues- und Rockmusik sind die „pentatonischen Skalen" oft Grundlage zur Improvisation.

Der Aufbau der pentatonischen Skalen kann halbtonlos (ahemitonisch) oder mit Halbtonschritten (hemitonisch) sein.

◉ CD 11

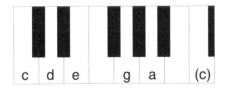

## Die Ganztonleiter
Diese halbtonlose Leiter besteht aus sechs Ganztönen. Wir finden sie u.a. in der Musik des Impressionismus und in der Jazzimprovisation.

**Ganztonleiter**

 CD 12

## Die Zigeunertonleitern
Diese Tonleitern findet man vor allem in der Folklore der Balkanländer. Charakteristisch für die Zigeunertonleitern sind zwei übermäßige Sekundschritte.

**Zigeuner-Moll**

 CD 13

**Zigeuner-Dur**

 CD 14

## Die Bluestonleiter

Diese Tonleiter findet im Blues, Jazz und der gesamten Rockmusik Verwendung.
Sie ist eigentlich eine pentatonische Skala in Moll, bei der beide Terzen (kleine und große), beide Quinten (verminderte und reine) und beide Septimen (kleine und große) hinzugefügt werden können.

⊙ CD 15

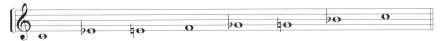

## Die „blue notes" (*engl.* blue: „traurig")

Diese Töne haben für die Melodik des Blues eine wesentliche Bedeutung. Die „blue notes" hat man bisher als Beigabe zur Durtonleiter definiert: Hinzufügung von kleiner Terz, verminderter Quinte und kleiner Septime.
Man muß die „blue notes" aber als eigenständige Töne verstehen. Strenggenommen liegt die eine „blue note" zwischen kleiner und großer Terz und die andere etwas tiefer als die Quinte.
Nicht nur im Blues und Jazz, sondern auch in der Rockmusik finden „blue notes" Verwendung, z.B. bei „Allright Now" von Free oder bei „I Should Have Known Better", „Roll Over Beethoven" und „Day Tripper" von den Beatles.
Durch die „blue notes" ergeben sich oft reizvolle Melodiebewegungen, die zwischen Dur und Moll zu schweben scheinen.

**Die modalen Skalen** (Kirchentonarten)

In der Musik des Mittelalters hatten diese Tonarten, bekannt als Modi (*lat.* modus: „das Maß", „die Regel"), eine große Bedeutung. In unserer Zeit ist die modale Spielweise wieder in der gesamten Jazz-, Rock- und Popmusik zu finden.

Mit Hilfe der alten Modi (*engl.* modes) läßt es sich überaus interessant improvisieren.

Das geschlossene **ionische System** ergibt sich, wenn wir die sechs Kirchentonarten durch die lokrische Skala auf der VII. Stufe erweitern.

◉ CD 16

*Hinweis:* Die Septakkorde werden im Folgenden erklärt.

# Die Akkorde

Beim Zusammenklang von drei oder mehr Tönen sprechen wir von einem Akkord (*frz.* accord: „Übereinstimmung").
Zu den **Basistönen** eines Akkordes gehören Grundton, Terz, Quinte und eventuell Septime. None, Undezime und Tredezime sind die **Optionen** (Zusatztöne).

### Bildung der Dreiklänge

Ein Dreiklang setzt sich aus übereinandergeschichteten großen und/oder kleinen Terzen zusammen.

C-Dur-Dreiklang
*(Akkordsymbol)*
C

c-Moll-Dreiklang
*(Akkordsymbol)*
Cm

### Die leitereigenen Dreiklänge

Errichtet man über den Tönen der folgenden Dur- und Molltonleitern einen Dreiklang, dann ergeben sich leitereigene Dreiklänge.

z.B. errichtet über der C-Dur-Tonleiter:

⊙ *CD 17*

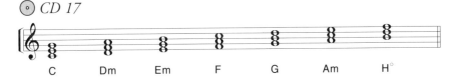

C   Dm   Em   F   G   Am   H°

z.B. errichtet über der harmonischen a-Moll-Tonleiter:

⊙ *CD 18*

Am   H°   C+   Dm   E   F   G♯°

*Einstieg in die Musik*

## Die vier Grundtypen

Bei den verschiedenen Akkorden finden wir beim genauen Hinsehen nur 4 unterschiedliche Dreiklänge mit folgenden Terzabständen:

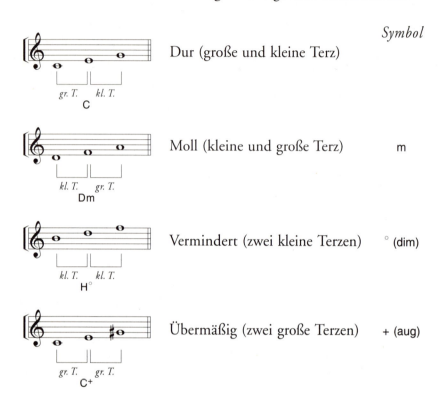

**einheitlich über c¹ errichtet:**

*CD 19*

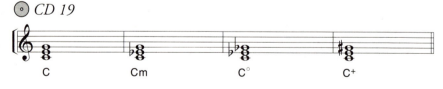

# Die Akkordsymbolschrift

In der heutigen musikalischen Praxis des Rock, Pop, Folk und Jazz haben die Akkordsymbole eine außerordentlich wichtige Funktion.
Sie sind Grundlage für die harmonische Begleitung einer vorgegebenen Melodie und haben auch für das harmoniegebundene Improvisieren große Bedeutung. Insbesondere für die kompositorische Arbeit ist das Kennen aller Akkorde wichtig.
Ausgangspunkt der Akkordsymbolschrift ist der bereits bekannte Durdreiklang, der mit dem Großbuchstaben des Grundtones dargestellt wird.

z.B.:

Bei allen weiteren Akkorden werden die Töne entsprechend dem Intervallaufbau durch Ziffern, Zeichen und Abkürzungen dargestellt. Bei Molldreiklängen wird beispielsweise dem Großbuchstaben ein m (für kleine Terz) hinzugefügt.

z.B.:  Cm  =  c-Moll-Dreiklang
       Dm  =  d-Moll-Dreiklang

**Intervallübersicht mit Zeichen, Ziffern und Abkürzungen**

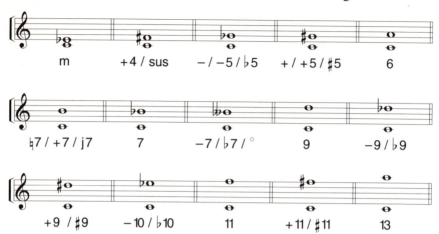

## Die Alteration (*lat.* alteratio: „Änderung")

Als Alteration, die sich im wesentlichen auf die Quinte, Sexte und None bezieht, bezeichnet man die Erhöhung (gekennzeichnet durch ein Pluszeichen + oder ein Kreuz ♯) oder Erniedrigung (Minuszeichen − oder ♭) eines oder mehrerer Akkordtöne.

Besonders im Jazz werden oft alterierte Akkorde verwendet, um so interessante Klangfarben und harmonische Verbindungen zu erreichen.

*Hinweis:* Das H wird in der modernen Schreibweise als B notiert, das B als B♭, also:

| internationale Schreibweise | | deutsche Schreibweise |
|---|---|---|
| B♭ (b-flat – tiefes b) | = | B |
| B (b-natural – hohes b) | = | H |

Leider ist die Akkordsymbolschrift international nicht vereinheitlicht. Im Folgenden werden alle wichtigen Symbole dargestellt.

## Die wichtigsten Akkorde mit ihren Symbolen im Überblick
◉ *CD 20*

**Hinweis:** Diese Tabelle zeigt die jeweiligen Akkorde in Grundstellung. In der Praxis können sie natürlich anders gelegt werden.

# Die wichtigsten Akkorde mit ihren Symbolen (Fortsetzung)

© KDM-Verlag

## Der Dreiklang und seine Umkehrungen
◉ CD 21

Grundstellung  1. Umkehrung  2. Umkehrung
c *als Grundton*  *Sextakkord*  *Quartsextakkord*

Je nach Lage der Oberstimme unterscheiden wir bei den Akkorden:
 CD 22

*Quintlage*  *Oktavlage*  *Terzlage*

Enge und weite Lage
 CD 23

*enge Lage*  *weite Lage*

In der engen Lage stehen die Oberstimmen so eng zusammen, daß kein weiterer Ton des Akkordes mehr dazwischenpaßt. In der weiten Lage ist noch Platz für weitere Akkordtöne.

## Die Septakkorde

Stellen wir über einen Dur- oder Molldreiklang eine weitere Terz, dann erhalten wir einen Septakkord (Vierklang).
Das Rahmenintervall, d.h. der Abstand vom Grundton bis zum obersten Ton, beträgt je nach Art des Septakkordes eine große, kleine oder verminderte Septime.

### Großer Septakkord
z.B.:

### Kleiner Septakkord
z.B.:

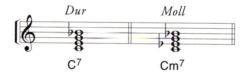

### Verminderter Septakkord
Charakteristikum dieses Akkordes ist die Übereinanderschichtung von kleinen Terzen, die auch bei seinen Umkehrungen erhalten bleibt.
z.B.:

$C°$ entspricht $A°$, $E♭°$, $G♭°$ bzw. $F♯°$.

## Die Sextenakkorde

Dieser Akkord ergibt sich, wenn wir zum Dur- oder Molldreiklang eine große Sexte hinzufügen.

z.B.:

## Die Nonenakkorde

Fügt man zu einem Septakkord eine kleine oder große None hinzu, erhält man einen Septnonenakkord.

Wir unterscheiden folgende Nonenakkorde:

⊙ CD 24

## Die Undezimenakkorde (11er Akkorde)

z.B.:

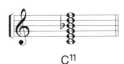

## Die Tredezimenakkorde (13er Akkorde)

z.B.:

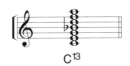

*Einstieg in die Musik*

## Vorhalt (*engl.* suspension, sus)

Hierbei handelt es sich um harmoniefremde, dissonante Töne, die auf einem betonten Taktteil erklingen und sich dann in akkordeigene Töne auflösen. Vorhalte streben zur Auflösung in einen tieferen oder höheren Nachbarton.

z.B.:

◉ CD 26

$C^4 \rightarrow 3 \quad C^6 \rightarrow 5 \quad C^9 \rightarrow 8$

Diese Akkorde kann man auch unaufgelöst verwenden.

# Die Kadenz

Die sinnvolle Verbindung von Akkorden heißt **Kadenz** (*lat.* cadere: „fallen"). In der Umgangssprache der Musiker nennt man Kadenzen auch „chord patterns". Gerade für alle, die Interesse am Komponieren haben, ist das Wissen über die harmonischen Zusammenhänge innerhalb einer Kadenz besonders wichtig.

Die einfache Kadenz (Grundkadenz) ergibt sich, wenn wir die drei Hauptdreiklänge der 4., 5. und 1. Stufe der Dur- oder Molltonleiter miteinander verbinden.

z.B. über der C-Dur-Skala errichtet:

## Die Dur-Kadenz

z.B. in C-Dur:

◉ CD 27

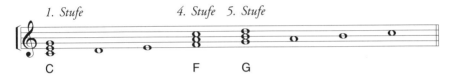

Diese Akkorde werden auch als **Hauptfunktionen** bezeichnet. Als Abkürzungen verwenden wir Großbuchstaben für die Durklänge und Kleinbuchstaben für die Mollklänge.

|  | Dur | Moll |  |
|---|---|---|---|
| 1. Stufe (Tonalitätszentrum) | T | t | Tonika |
| 4. Stufe | S | s | Subdominante |
| 5. Stufe | D | d | Dominante |

*Einstieg in die Musik*

Die einzelnen Stufen haben bestimmte harmonische Beziehungen zueinander. Außerdem ist der Kadenz eine charakteristische Schlußwirkung eigen.

Die Schlußwendung Subdominante–Tonika heißt **plagal**, die Folge Dominante–Tonika heißt **authentisch**. Folgt statt der erwarteten Tonika ein anderer Akkord, spricht man von Trugschluß.

*Hinweis:* *Dieses System der Bildung der 1., 4. und 5. Stufe ist für jede Dur- und Molltonleiter gültig. Die Funktionen der einzelnen Akkorde untereinander bleiben gleich.*
*Tonika (T), Subdominante (S) und Dominante (D) sind* **relative** *Begriffe/Symbole. Die Akkorde hingegen, z.B.* **C, F** *und* **G**, *sind* **absolute** *Begriffe/Symbole, die sich auf eine* **eindeutige** *Tonart beziehen.*

Kadenzen kann man auch mit entsprechenden **Umkehrungen** der Akkorde bilden, z.B.:

◉ *CD 28*

### Zur Stimmführung (*engl.* voicings)
– gemeinsame Töne liegen lassen
– keine Quint- und Oktavparallelen
– große Tonsprünge vermeiden
– Baß in Gegenbewegung zur Melodie führen
– keine Terzverdopplungen im vierstimmigen Satz

**Voicing** (*engl.* voice: „Stimme")
Man versteht darunter die Plazierung der Intervalle in einem Akkord und auch die Stimmführung, die insbesondere für das Arrangieren von großer Bedeutung ist.

## Der Dominantseptakkord (Funktionssymbol: D⁷)

In vielen Kadenzen tritt die Dominante als Septakkord auf. Dieser sogenannte **Dominantseptakkord** wird auf der 5. Stufe einer Dur- oder harmonischen Molltonleiter gebildet.

z.B.:

### Kadenz mit dem D⁷

CD 29

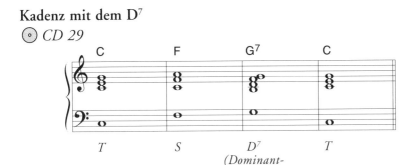

Beim harmonischen Ablauf eines Musikstückes können wir feststellen, daß der D⁷ zur Auflösung in die Tonika (1. Stufe) drängt.

z.B.:

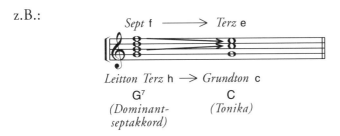

Bei diesem Dominantseptakkord (G7) drängt der Leitton (h) zum Grundton der Tonika (c) und der Gleitton (f) zur Terz (e) der Tonika.
Genau wie bei den Dreiklängen sind auch bei Septakkorden Umkehrungen möglich.

## Die Umkehrungen des Dominantseptakkordes
 CD 30

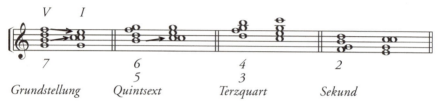

## Die Moll-Kadenz
In der Praxis finden wir meistens die Kadenz des harmonischen Moll, d.h. mit einer Dur-Dominante.

z.B. (enge Oktavlage):

 CD 31

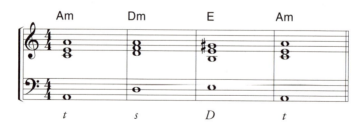

## Die Blues-Kadenz

Der Blues hatte und hat noch immer einen sehr wichtigen Einfluß auf die gesamte Rock- und Popmusik.

Sehr gebräuchlich ist die zwölftaktige Blues-Kadenz, die auch im Boogie Woogie und Rock 'n' Roll ähnlich auftritt. Man kann dieses Schema in den verschiedensten rhythmischen und harmonischen Varianten interpretieren.

### Traditionelle Bluesform
⊙ *CD 32*

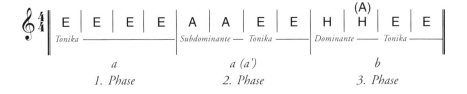

Oft tritt im Blues auch der sogenannte **Blue Chord** auf. Es handelt sich hierbei um einen kleinen Septakkord, der als Tonika, Subdominante oder Dominante auftreten kann.

# Einiges zur Melodie (*griech.* melos: „Lied"; ode: „Gesang")

Neben Rhythmik, Harmonik, Klang, Form und Dynamik ist die Melodie ein ganz wesentlicher Bestandteil der Musik. Wie aber können wir den Begriff Melodie definieren?
Man kann sagen, daß die sinnvolle und interessante Folge von Tönen eine Melodie ergibt. Sie ist allerdings mehr als nur eine Folge von Intervallen und hat eine eigene innere Spannung.

## Die Form
Die Formenlehre beschäftigt sich mit den spezifischen Strukturen, Zusammenhängen und Gestaltungsmöglichkeiten im Aufbau, die Spannung und Entspannung erzeugen.

## Das Motiv
Als kleinster Baustein mit eigener innerer Spannung drängt es im weiteren melodischen, rhythmischen und harmonischen Verlauf zum Anschlußglied. Das Motiv kann wiederholt und verändert werden.

z.B.: „Spoonful"  *Cream*

## Das Thema
Das Thema ist größer als das Motiv; es ist der musikalische Hauptgedanke einer Komposition. Das Thema bildet eine melodische, harmonische und rhythmische Einheit von mehreren Takten.
Motiv und Anschlußglied = Satzglied

z.B.: **Der Winter ist vergangen**  *Volkslied*

## Satz und Periode

Die Untergliederung von Liedformen bezeichnet man auch als Perioden (*griech.:* „Kreislauf", „regelmäßige Wiederholung").

In der Regel sind diese achttaktig und unterteilen sich in zwei viertaktige, in ihrer Struktur ähnliche Unterabschnitte, die man auch Vorder- und Nachsatz nennt.

Der Vordersatz endet meistens mit einem Halbschluß auf der Dominante und der Nachsatz mit einem Ganzschluß auf der Tonika.

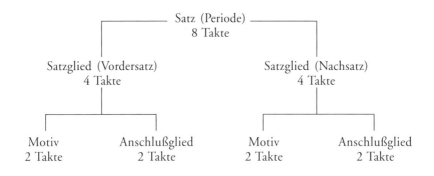

z.B.: „**Bald gras ich am Neckar**"  *Volkslied*

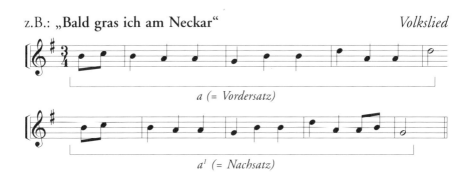

*Einstieg in die Musik*

# Die wichtigsten Instrumente im Überblick

Ihre Einteilung erfolgt in verschiedene Gruppen:

### Die Chordophone (Saitenklinger)
1. Streichinstrumente
   Violine, Viola, Violoncello, Kontrabaß, Gambe usw.
2. Tasteninstrumente
   Klavier, Flügel, Cembalo usw.
3. Zupfinstrumente
   Gitarre, Mandoline, Harfe, Balalaika usw.

### Die Aerophone (Luftklinger)
1. Holzblasinstrumente
   Quer- und Längsflöten, Oboe, Englisch Horn, Klarinette, Saxophon, Fagott, Kontrafagott usw.
2. Blechblasinstrumente
   Trompete, Kornett, Flügelhorn, Waldhorn, Tenorhorn, Posaune, Tuba usw.
3. Instrumente wie z.B.:
   Kirchenorgel, Harmonika, Mundharmonika, Akkordeon usw.

### Membranophone (Fellklinger) und Idiophone (Selbstklinger)
1. Schlaginstrumente
   Große und kleine Trommel, Congas, Pauken usw.
   Becken, Triangel, Glockenspiel, Xylophon, Gong, Cowbell, Glokken usw.
2. Schüttelinstrumente
   Rumbakugeln, Kastagnetten, Maracas usw.

### Elektrophone
   E-Gitarre, E-Baß, Keyboards usw.

## Die Violine
*Saiten*                                   *Tonumfang*

 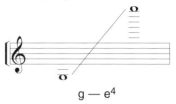

g   d¹   a¹   e²                            g — e⁴

## Die Viola (Bratsche)
*Saiten*                                   *Tonumfang*

 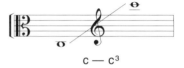

c   g   d¹   a¹                             c — c³

## Das Violoncello (Cello)
*Saiten*                                   *Tonumfang*

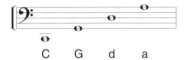 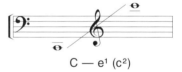

C   G   d   a                               C — e¹ (c²)

## Der Kontrabaß
*Saiten*                                   *Tonumfang*

E₁   A₁   D   G                             E₁ — a¹

*Einstieg in die Musik*

**Das Klavier** (Piano, Flügel)

Das Piano ist temperiert gestimmt. Meist werden die Noten für die rechte Hand im Violinschlüssel und für die linke Hand im Baßschlüssel notiert.

*Tonumfang*

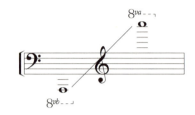

**Die Gitarre**

Die Gitarre wird im Violinschlüssel notiert und klingt eine Oktave tiefer als geschrieben.

*Notierung*        *Klang*

In der Rock- und Popmusik ist es auch üblich, die Tabulaturschreibweise zu verwenden. Diese Notierungsmöglichkeit, die es bereits in anderer Form im Mittelalter gab, stellt die sechs Gitarrensaiten dar.

Tabulatursystem (TAB = Abkürzung für Tabulatur)
Die Ziffern geben an, welcher Bund gegriffen wird.

Anschlag nacheinander          Gleichzeitiger Anschlag C-Dur

Ausführung:   1. Ton – A-Saite im 3. Bund
              2. Ton – d-Saite im 2. Bund
              3. Ton – g-Saite leer
              4. Ton – h-Saite im 1. Bund
              5. Ton – e¹-Saite leer

## Die Baßgitarre
*Notierung*                    *Klang*

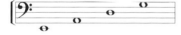           

## Die Harfe
Die Harfe ist in C♭-Dur gestimmt, kann aber mit sieben Pedalen in verschiedene Tonarten umgestimmt werden.
*Tonumfang*

*Einstieg in die Musik*

**Die Querflöte** (C-Stimmung)
*Notierung und Klang*

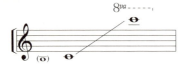

**Die Oboe** (C-Stimmung)
Die Oboe wird im Violinschlüssel notiert und klingt wie geschrieben.
*Notierung und Klang*

**Das Englisch Horn** (F-Stimmung)
Das Englisch Horn wird im Violinschlüssel notiert und klingt eine Quinte tiefer als geschrieben.

*Notierung*                                        *Klang*

# Die Klarinetten

## B♭-Klarinette
*Notierung*   *Klang*

## A-Klarinette
*Notierung*   *Klang*

## E♭-Altklarinette
*Notierung*   *Klang*

## Bassetthorn (F-Stimmung)
*Notierung*   *Klang*

# Die Saxophone

## B♭-Sopransaxophon
*Notierung* *Klang*

## E♭-Altsaxophon
*Notierung* *Klang*

## B♭-Tenorsaxophon
*Notierung* *Klang*

## E♭-Baritonsaxophon
*Notierung* *Klang*

## Das Fagott
Das Fagott wird normalerweise im Baßschlüssel geschrieben. Die höheren Lagen können auch im Violinschlüssel notiert werden.
*Notierung und Klang*

## Das Kontrafagott
Das Kontrafagott wird im Baßschlüssel notiert, klingt aber eine Oktave tiefer.

*Notierung*                          *Klang*

## Die Trompete, das Flügelhorn
*Notierung*                          *Klang*

## Das Waldhorn
### F-Horn
*Notierung*                                    *Klang*

### B♭-Horn
*Notierung*                                    *Klang*

## Das Tenorhorn (B♭)
Das Tenorhorn steht im Violinschlüssel und klingt eine große None tiefer als notiert.

*Notierung*                                    *Klang*

## Die Posaune
Die Posaune wird im Baß- oder im Tenorschlüssel notiert.

*Notierung und Klang*

**Die Tuben** (Bässe)

Die Tuben können in F-, E♭-, C- und B♭-Stimmung gebaut sein und klingen wie notiert.

**F-Tuba**

*Notierung und Klang*

**E♭-Tuba**

*Notierung und Klang*

**B♭-Tuba**

*Notierung und Klang*

**Die große Pauke**

**Die kleine Pauke**

## Das Schlagzeug (Percussion)

*Die Notierung für Schlagzeug ist nicht vereinheitlicht. Die hier vorgestellte ist eine der am häufigsten verwendeten.*

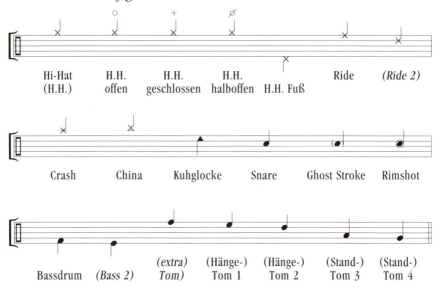

## Die Singstimmen

### Frauenstimmen

Sopran                    Mezzo-Sopran           Alt

### Männerstimmen

Tenor                      Bariton                   Baß

# Gebräuchliche internationale Bezeichnungen und Abkürzungen

| | |
|---|---|
| Accompaniment, accomp. | Begleitung |
| Accordion, acc. | Akkordeon |
| Acoustic Guitar | Akustische Gitarre |
| Additional keyboards | zusätzliche Keyboards |
| Additional percussions | zusätzliche Schlaginstrumente |
| Alto saxophone, as | Altsaxophon |
| Arpa | Harfe |
| Arrangement, ar., Arr. | Arrangement |
| At the centre | in der Mitte des Trommelfells |
| At the rim | Schlag am Rand des Trommelfells oder Beckens |
| | |
| Background | musikalischer Hintergrund |
| Backing vocals | Hintergrundgesang |
| Banjo, bj. | Banjo |
| Baryton, bar., Baritone saxes | Baritonsaxophon |
| Bass, b | Baß, Kontrabaß |
| Bass drum, Gr. Tr. | Große Trommel |
| Bass guitar, bg | Baßgitarre |
| Bass saxophone, bs, Baß-Sax | Baßsaxophon |
| Bow | Bogen |
| Brasses, brass, brass wind | Blechblasinstrumente |
| Brass section | Bläsergruppe |
| | |
| Carillon | Glockenspiel |
| Cassa | Trommel |
| Chord | Akkord |
| Clarinet, cl | Klarinette |
| Compositions | Kompositionen |
| Con sordino | mit Dämpfer |
| Cornet, c, co | Kornett |
| Cor, corno | Horn |
| Cow bells | Kuhglocken |
| Crowl mute | Dämpferform (waw-waw) |
| Cup mute | Dämpfer (hush-hush) |
| Cymbal | Becken |
| | |
| Doghouse | Jazz-Jargon für Kontrabaß |
| Drum computer | Schlagzeugcomputer |
| Drums, dr, batteria | Schlagzeug |

*Einstieg in die Musik*

| | |
|---|---|
| Electric guitar | E-Gitarre |
| Elektropiano, el-p | E-Piano |
| | |
| Flügelhorn, flh, Flhr | Flügelhorn |
| Flute, fl | Flöte, Querflöte |
| French horn | Horn |
| | |
| Gran cassa | große Trommel |
| Guide vocal | führender Gesang |
| Guitar, g | Gitarre |
| | |
| Harmonica, harm, harp | Mundharmonika |
| Harmony vocal | Harmoniegesang |
| Harpsichord, harps | Cembalo |
| Hat | Stoff- oder Blechhut, in den Blechbläser hineinblasen |
| Hi-Hat, H.H. | Charlestonmaschine, Teil des Drumsets |
| Hush | Dämpferton |
| | |
| Keyboards, Keyb, Kb | alle Tasteninstrumente |
| Kit, Drumkit | Schlagzeug-Set |
| | |
| Leader, ld | Dirigent, Kopf der Band |
| Lead guitar | Melodiegitarre |
| Lead section | Melodiegruppe |
| Lead vocal | Hauptgesang |
| Left hand, l.H. | linke Hand |
| Lyrics | Texte |
| | |
| Mute | dämpfen |
| | |
| On the dome | auf die Kuppe des Beckens schlagen |
| Opus, op. | Werk, Komposition |
| Organ, org | Orgel |
| | |
| Pedal, Ped. | Pedal |
| Pedal steel guitar | Steel-Gitarre |
| Percussion, Perc. | Rhythmus- und Schlaginstrumente |
| Piano, p | Klavier |
| Piatti | Becken |
| Pick up | Tonabnehmer |
| Plunger | Dämpferton |

| | |
|---|---|
| Recorder, rec | Blockflöte |
| Reed | Blättchen |
| Reeds | Holzblasinstrumente |
| Reed section | Saxophon- und Klarinettengruppe |
| Rhythm guitar | Rhythmusgitarre |
| Rhythm section | Rhythmusgruppe |
| Ride cymbal | schwebendes Becken |
| Right hand, r.H. | rechte Hand |
| Robinson mute | Dämpferform |
| | |
| Saxophone, Sax | Saxophon |
| Sizzle cymbal | Nietenbecken |
| Slap bass | Schlagbaß |
| Slide guitar | Slide-Gitarre |
| Slidetrombone, slide-tb | Zugposaune |
| Snare drum | kleine Trommel |
| Snares off, s.c. | ohne Schnarrsaiten |
| Soprano saxophone, ss | Sopransaxophon |
| Sordino, sord | Dämpfer |
| Stick on stick | Kreuzschlag |
| Straight mute | spitzer Dämpfer |
| String | Saite |
| String bass | Streichbaß |
| Strings, str | Saiteninstrumente |
| Synthesizer, synth | Synthesizer |
| | |
| Tenor saxophone, ts, Ten.-Sax. | Tenorsaxophon |
| Trombone, tb | Posaune |
| Trumpet, tp | Trompete |
| Tuba, tu | Tuba |
| | |
| Valve trombone, valve-tb | Ventilposaune |
| Velvetone mute | Dämpferton |
| Vibraphone, vib | Vibraphon |
| Viola, va | Bratsche |
| Violin, vi, vl, v | Geige, Violine |
| Violoncello, vc | Cello |
| Vokal, vocal, Vok., voc | Gesang |
| | |
| Washboard | Waschbrett |
| Wa-Wa, Waw-waw, wow wow | Dämpferform |
| Woodwinds, wood | Holzblasinstrumente |

# Gitarren- und Keyboardgriffe

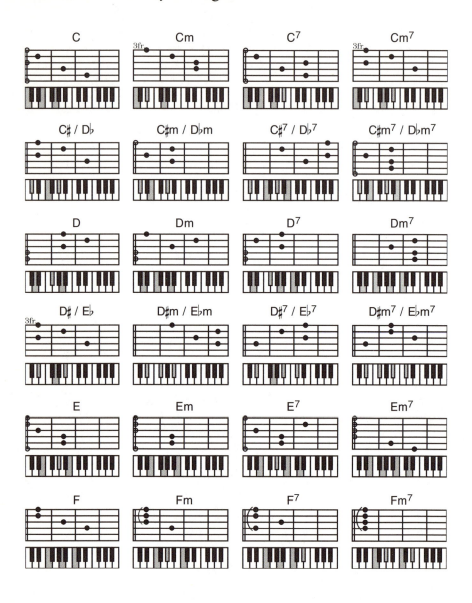

# Gitarren- und Keyboardgriffe (Fortsetzung 1)

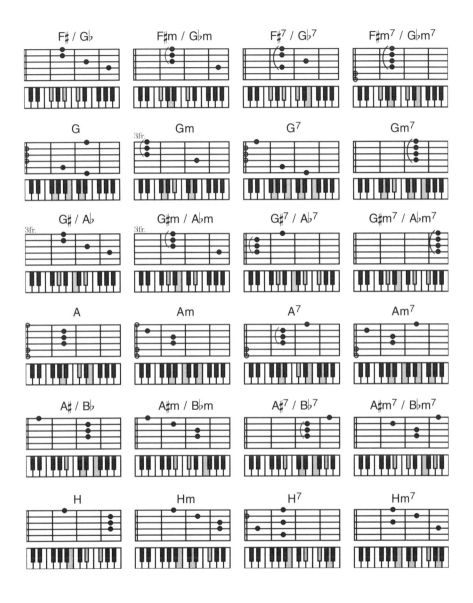

# Gitarren- und Keyboardgriffe (Fortsetzung 2)

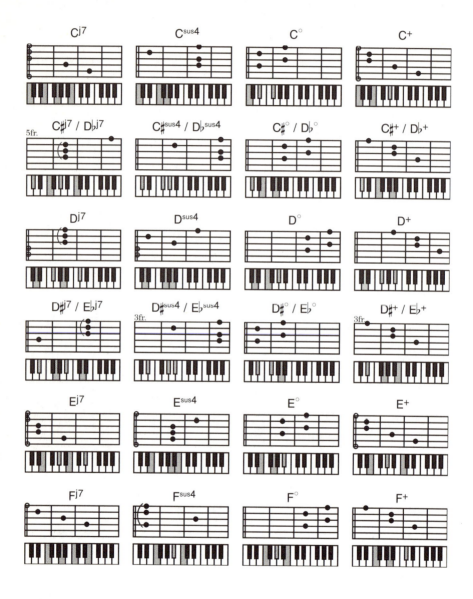

# Gitarren- und Keyboardgriffe (Fortsetzung 3)

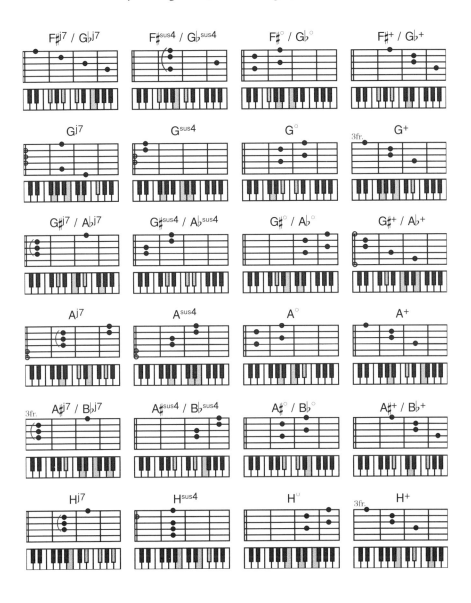

# Fachwortverzeichnis

A cappella *(ital.)* — Gesang ohne Instrumentalbegleitung
accelerando, accel. *(ital.)* — das Tempo langsam steigern
adagio *(ital.)* — langsam, ruhig
Adaption — rockmusikalische Umsetzung vorhandener Werke (z.B. Bach, Beethoven, Mussorgsky)
added, add. *(engl.)* — hinzugefügt
ad libitum, ad lib. *(ital.)* — nach Belieben
Agogik — Veränderung des Tempos
Akkolade — verbindende Klammer um Notenliniensysteme
Akustik — Lehre und Theorie vom Schall
Akzent — Betonung
Aleatorik *(lat. alea: „Würfel")* — Kompositionstechnik seit ca. 1950, die auf Zufälligkeit beruht. Vorgegebene Teile und Formeln müssen vom Interpreten eigenschöpferisch gestaltet werden
Al fine *(ital.)* — Wiederholung bis zu der mit „fine" (Ende) gekennzeichneten Stelle
alla *(ital.)* — nach Art des ... zu spielen, z.B.: alla marcia – wie ein Marsch
alla breve *(ital.)* — Zählzeit „in Halben" (2/2-Takt)
allegretto *(ital.)* — etwas bewegt
allegro *(ital.)* — schnell, eigentlich: heiter, lustig
al segno *(ital.)* — Wiederholung bis zu der mit „segno" oder 𝄋 bezeichneten Stelle
Alto *(ital.)* — Altstimme (tiefste Frauenstimmlage), auch Viola
Ambitus — Tonumfang, Umfang einer Melodie
andante *(ital.)* — mäßig bewegt, gehend
andantino *(ital.)* — mäßig bewegt, gehend
a piacere *(ital.)* — frei im Vortrag
appassionato *(ital.)* — leidenschaftlich
arpeggio *(ital.)* — gebrochener Akkord; die einzelnen Töne werden nacheinander gespielt, z.B.:

Arrangement *(frz.)* — Bearbeitung eines Musikstückes, Satz
arrangieren — bearbeiten, einrichten
Artikulation — das Verbinden oder Trennen einzelner Töne, ihre Gestaltung

Artikulationszeichen (siehe auch Seite 22); z.B.:

| | |
|---|---|
| kurz (staccato) | |
| lang (tenuto) | |
| Akzentzeichen (hervorgehoben) | |
| Akzentzeichen (stark hervorgehoben) | |
| legato (gebunden) | |
| tenuto (gehalten) | |

| | |
|---|---|
| Artist | Künstler |
| a tempo *(ital.)* | im früheren Tempo |
| atonal | nicht tonartlich gebunden |
| attack *(engl.)* | forcierte Tongebung |
| Auftakt | die Notenwerte vor dem ersten Volltakt eines Musikstückes |
| augmented *(engl.)* | übermäßig |
| **B**affles | Schallschirme zur akustischen Trennung der Instrumente |
| Ballade | eine Liedgattung, in der Geschichten erzählt werden; meist in geringem Tempo |
| Bariton | mittlere Männerstimmlage |
| Barré | Quergriff über mehrere Saiten der Gitarre |
| Baß | tiefste Männerstimmlage |
| beat *(engl.)* | Schlag; durch ihn wird der Grundschlag der Rhythmusgruppe angegeben; z.B.: |
| after beat *(engl.)* | Nachschlag; Betonung der Zählzeiten 2 und 4 im „two beat" sowie im „four beat" |
| back beat *(engl.)* | die Zählzeiten 2 und 4 werden betont |
| downbeat *(engl.)* | Abwärtsschlag; kennzeichnet jede betonte Zählzeit |
| four beat *(engl.)* | gleiche Betonung aller vier Schläge |
| off beat *(engl.)* | Weg vom Grundschlag; Zwischenschlag gegen den „beat". Die Melodieakzente werden auf unbetonte Zählzeiten verlagert |
| on beat *(engl.)* | auf dem „beat" (Grundschlag) |
| two beat *(engl.)* | Zweischlag; die Zählzeiten 1 und 3 werden betont. |

| | |
|---|---|
| Bending notes *(engl.)* | heruntergezogene Töne |
| Big Band *(engl.)* | große Besetzungsform in der Jazz- und Tanzmusik |
| blocken | akkordische Einwürfe |
| Bottleneck *(engl.)* | (Flaschenhals-) Technik der Slide-Gitarre |
| Bounce *(engl.)* | jazzmäßige Spielweise, mittleres Tempo, federnder Rhythmus |
| Bouncing tracks *(engl.)* | um Raum für zusätzliche Overdubbings (s.u.) zu haben, werden beim Abmischen die fertigen Spuren auf eine leere Spur übertragen |
| bpm, BPM | Beats per minute |
| Break *(engl.)* | kurzes Unterbrechen des rhythmischen Verlaufs einer Melodie oder das Pausieren sämtlicher Begleitinstrumente; Einwurf |
| Bridge *(engl.)* | Überleitung zwischen musikalischen Themen |
| bright, brightly *(engl.)* | heiter, lebhaft |
| **C**all and response *(engl.)* | „Ruf und Antwort"-Prinzip |
| cantabile *(ital.)* | sanglich, ausdrucksvoll |
| Chase Chorus *(engl.)* | das Abwechseln mehrerer Musiker |
| Chord *(engl.)* | Akkord |
| Chord patterns *(engl.)* | Akkordfolgen |
| Chorus | Kehrreim, Refrain |
| clap hands *(engl.)* | Klatschen mit den Händen |
| Click-track *(engl.)* | Taktspur, wird zur Angabe des Tempos benutzt |
| Cluster *(engl.)* | gleichzeitig erklingende Übereinanderschichtung eng benachbarter Töne |
| Coda | Schlußteil |
| Combo | drei- bis achtköpfiges Ensemble der Jazz-, Rock- oder Tanzmusik |
| comodo *(ital.)* | bequem, mittleres Zeitmaß |
| con *(ital.)* | mit ... |
| con brio *(ital.)* | mit Feuer |
| Countertenor *(engl.)* | männliche Altstimme |
| crescendo *(ital.)* | lauter werden |
| Crossover *(engl.)* | Mischung verschiedener Musikstile |
| Crotchet *(engl.)* | Viertelnote |
| Cut time *(engl.)* | alla breve (s.o.) |
| **D**a capo, D.C. *(ital.)* | von Anfang an wiederholen |
| da capo al fine *(ital.)* | Wiederholung vom Anfang bis zum Schluß |
| dal segno, D.S. *(ital.)* | Wiederholung eines Stückes ab *Zeichen* oder 𝄋 |
| decrescendo *(ital.)* | leiser werden |
| Demo | Demonstrations-Tonband für Plattenproduzenten oder Veranstalter |

| | |
|---|---|
| diminished, dim. *(engl.)* | vermindert |
| diminuendo, dim. *(ital.)* | an Tonstärke schwächer werden |
| Direktion, Direktionsstimme | für den Leiter vorgesehene Stimme, die den wesentlichen Ablauf des Stückes in Stichnoten enthält |
| Dirty tones *(engl.)* | gewollt „schmutzige" Töne bei der Tongebung |
| Diskant | oberer Bereich der Tonskala |
| Dissonanzen | Spannungsklänge, die zur Auflösung in die Konsonanz drängen |
| Doppel-Segno (D.S.S.) | spielen ab 𝄋𝄋, wenn man die Wiederholung vom einfachen Segno hinter sich hat |
| dotted *(engl.)* | punktiert |
| Double time *(engl.)* | Verdopplung des Grundschlages, ursprüngliche Takteinteilung bleibt bestehen |
| Drive *(engl.)* | spannungsvolle, intensive Interpretation eines Musikstückes mit rhythmischen Mitteln |

| | |
|---|---|
| Echo-chamber *(engl.)* | Hallraum, Hallgerät |
| Eklektizismus | Übernahme und kreative Weiterverarbeitung von Musikstilen |
| energico *(ital.)* | energisch |
| Epilog | Nachspiel, abschließender Teil |
| Equipment *(engl.)* | Ausrüstung, Ausstattung |
| Etüde | Übungsstück |
| Evergreen *(engl.)* | immer wieder gespielte Kompositionen |

| | |
|---|---|
| Fade out *(engl.)* | ausblenden |
| Falsett | hohe männliche Kopfstimme |
| Fantasie | ein der Improvisation nahestehendes Instrumentalstück ohne feste Form |
| fast *(engl.)* | schnell |
| Feedback *(engl.)* | Rückkopplung |
| Feeling *(engl.)* | gefühlvoll, musikalisches Einfühlungsvermögen |
| Fermate 𝄐 *(ital.* fermata: „Ruhepunkt") | durch die Fermate wird eine Note oder Pause über ihren vorgeschriebenen Zeitwert hinaus beliebig lange gehalten |
| fill in, filling *(engl.)* | improvisierte rhythmisch-melodische Einwürfe |
| Fine *(ital.)* | Ende, Schluß |
| Flageolett | Erzeugung von sehr hohen Tönen auf Saiteninstrumenten |
| flat *(engl.)* | Erniedrigung eines Tones |
| Flatpicking *(engl.)* | Gitarrenstil, bei dem mit Plektrum gespielt wird |
| Flatted fifth *(engl.)* | verminderte Quinte |

*Einstieg in die Musik*

| | |
|---|---|
| forte, *f* (ital.) | laut, stark |
| fortepiano, *fp* (ital.) | nach kräftiger Tonerzeugung sofort wieder piano |
| fortissimo, *ff* (ital.) | sehr laut |
| free time (engl.) | freies Tempo |
| Frequenz | Schwingungszahl (Einheit: Hertz) |
| full tone (engl.) | mit vollem Ton |
| Fuzz (engl.) | Verzerrer |
| | |
| **G**aily (engl.) | lustig, munter |
| Gauge | Maßeinheit für die Stärke von Gitarrensaiten |
| Gimmick (engl.) | Effektmittel |
| glissando, gliss. (ital.) | Überbrücken von Intervallabständen durch Verschleifen der Tonstufen |
| G.P. | Generalpause |
| grandioso (ital.) | großartig |
| Grass-roots (engl.) | volkstümlicher Charakter |
| Groove (engl.) | rhythmischer Spannungsbogen; optimales Zusammenspiel der beteiligten Musiker |
| Growl (engl.) | brummen, Klangeffekte der Blechbläser durch Tonfärbung mittels Dämpfer |
| | |
| **H**ead Arrangement (engl.) | nicht schriftlich fixiertes, sondern mündlich abgesprochenes Arrangement oder grob notierter Ablauf |
| homophon (griech.) | gleichstimmig, melodiebetont; akkordisch gesetzt |
| | |
| **I**mprovisation | Stegreifspiel; eine spontane Musizierweise, bei der neue Melodien, Akkorde und Formen erfunden werden können. Meist wird aber über ein vorgegebenes Thema improvisiert; Voraussetzung ist musikalische Phantasie. |
| Indie (engl.) | unabhängige Schallplattenfirma |
| in front (engl.) | das Spielen „vor dem Punkt" |
| Input (engl.) | Spannungseingang |
| Instrumental | Instrumentalstück |
| Interludium (ital.), Interlude (engl.) | Zwischenspiel, Überleitung |
| Intermezzo (ital.) | Zwischenspiel, Charakterstück |
| Interpretation | vokaler oder instrumentaler Vortrag |
| Intonation | Einhalten der genauen Tonhöhe |
| Introduktion, Intro | Einleitung |

| | |
|---|---|
| Jam Session *(engl.)* | Treffen von Musikern zum gemeinsamen Improvisieren |
| Jingle *(engl.)* | prägnante, kurze Melodie zur Untermalung z.B. von Werbespots |
| Jump *(engl.)* | Sprung, rhythmische Bewegungsform im mittleren Tempo, resultierend aus Off-beat-Phrasierung |
| Jungle Style *(engl.)* | besondere Art der Tongebung bei Bläsern |
| Kammerton | das eingestrichene a (a¹) – 440 Hertz |
| Kapodaster | *ital.* capotasto: „Hauptbund"; ein beweglicher Sattel, mit dem man durch Aufsetzen auf einen beliebigen Bund die Grundstimmung der Gitarre ändern kann |
| Key *(engl.)* | Notenschlüssel, Tonart |
| Keyboard *(engl.)* | Tastatur; Oberbegriff für alle Tasteninstrumente (primär elektronische) |
| Konsonanz | Wohlklang; spannungslose, in sich ruhende Zusammenklänge |
| Kopf-Kopf | Sprung von ⊕ zu ⊖ ; Takte oder Abschnitte zwischen den „Kopfzeichen" werden nicht wiederholt |
| Label *(engl.)* | Markenzeichen (insb. für Tonträgerfirmen) |
| laid back *(engl.)* | leichte rhythmische Verzögerung beim Spielen; relaxed musizieren |
| larghetto *(ital.)* | langsam |
| largo *(ital.)* | langsam, breit |
| Latin *(engl.)* | nach lateinamerikanischen Rhythmen |
| Lead *(engl.)* | melodieführende Stimme |
| legato *(ital.)* | gebunden |
| Leitmotiv-Arrangement | ist ein Slangausdruck der Musikindustrie und bedeutet die Notation der Melodie, der Harmonien oder Texte und anderer wichtiger Informationen eines Musikstückes (auch *engl.*: Lead sheet) |
| lento *(ital.)* | langsam |
| Lick *(engl.)* | Riff, Melodiethema |
| Lift *(engl.)* | Ton tiefer ansetzen und auf die richtige Tonhöhe ziehen |
| light *(engl.)* | heiter |
| Liner Notes *(engl.)* | abgedruckter Begleittext auf dem Albumcover einer LP/CD |
| Lip *(engl.)* | angeblasener Ton wird fallengelassen und sofort wieder auf die ursprüngliche Tonhöhe gebracht |

| | |
|---|---|
| l'istesso tempo *(ital.)* | wie ursprüngliches Tempo |
| live *(engl.)* | Veranstaltung, bei der die Musiker persönlich spielen |
| lively *(engl.)* | lebhaft |
| Locked hands style *(engl.)* | pianistische Technik; Spielen von Blockakkorden |
| loco, al loco *(ital.)* | Aufhebung des Oktavierungszeichens |

**M**agnetic tape master *(engl.)*   Masterband, das Grundlage zur Tonträgerproduktion ist

| | |
|---|---|
| Major *(engl.)*, maggiore *(ital.)*, majeur *(frz.)* | Dur |
| marcato, marc. *(ital.)* | stark hervorgehoben, markiert |
| martellato *(ital.)* | gehämmert |
| measure *(engl.)* | Takt |
| medium *(engl.)* | mittleres Tempo |
| Medley *(engl.)* | Aneinanderreihung verschiedener Songs |
| Mensur | Maß für die schwingende Länge der Saite |
| Merchandising *(engl.)* | kommerzielle Ausschlachtung der Popularität von Künstlern im Sekundärbereich (Verkauf von Textilien, Stickern, Postern usw.) |
| Metronom | Taktmesser |
| mezzo *(ital.)* | halb, mittel |
| mezzoforte, *mf* *(ital.)* | mittelstark |
| mezzopiano, *mp* *(ital.)* | halbleise |
| MIDI | amerikanische Abkürzung für „Musical Instrument Digital Interface". MIDI ermöglicht die Kopplung von Synthesizern, Sequenzern usw. unterschiedlicher Fabrikate miteinander |
| Mike *(engl.)* | Mikrophon |
| Mikrotime *(engl.)* | Einteilung eines Schlages in kleinere Zeitabschnitte |

| | |
|---|---|
| minor *(engl.)*, minore *(ital.)*, mineur *(frz.)* | Moll |
| moderato *(ital.)* | mäßig bewegt |
| molto *(ital.)* | viel, sehr |
| Montuño *(span.)* | Ad libitum-Solo mit rhythmischer Begleitung in lateinamerikanischen Tänzen; Baßführung im Reggae |

**N**ew Wave              Musikrichtung der siebziger Jahre
N.C., no chords *(engl.)*   ohne Akkorde

| | |
|---|---|
| Obertöne | auch Naturtöne, Partialtöne oder Teiltöne; eine Reihe von Tönen, die mit dem Grundton mitklingen |
| Obligat | unerläßlich; eine Stimme, die nicht weggelassen werden darf |
| on top *(engl.)* | das „auf den Punkt"-Spielen |
| optional *(engl.)* | nach Belieben, ad lib. |
| Ostinato | sich wiederholende musikalische Bewegung |
| Output *(engl.)* | Spannungsausgang |
| Overdubbing *(engl.)* | Hinzufügen von vokalen oder instrumentalen Parts zu einem bespielten Band |
| PA | Lautsprecher- und Mischpultanlage |
| Paradiddle *(engl.)* | Trommeltechnik; Wechsel von Einzel- und Doppelschlägen |
| Paralleltonart | jede Tonart hat eine parallele Tonart mit gleichen Vorzeichen (C-Dur – a-Moll) |
| Partialtöne | Teiltöne; sämtliche Grund-, Natur- und Obertöne |
| Partitur | enthält untereinandergeschrieben sämtliche Stimmen der Komposition mit allen Angaben (auch Texte) für den Dirigenten |
| Passage *(frz.)* | Figur, Lauf, Abschnitt |
| passionato *(ital.)* | leidenschaftlich |
| Pattern *(engl.)* | melodiecharakteristische oder Rhythmus-Muster |
| Pentatonik | Fünftonreihe |
| Percussion *(engl.)* | Rhythmus- und Schlaginstrumente |
| Personality *(engl.)* | Outfit, Persönlichkeit und auch Image eines Interpreten oder einer Band |
| Phrase | Folge von Tönen, die eine musikalische Einheit bilden |
| Phrasierung | das plastische Hervorheben von Tongruppen (Phrasen), Satzaufteilung |
| pianissimo, **pp** *(ital.)* | sehr leise |
| piano, **p** *(ital.)* | leise |
| Piatti *(ital.)* | Becken |
| Pick *(engl.)* | 1. Plektrum, 2. Anschlagmuster |
| Pick up *(engl.)* | Tonabnehmer für E-Gitarre |
| Pièce *(frz.)* | Musikstück |
| più *(ital.)* | mehr; più allegro – schneller; più forte – stärker; più mosso – bewegter |
| pizzicato, pizz. *(ital.)* | die Saiten des Streichinstrumentes mit der Hand zupfen |

| | |
|---|---|
| Playback *(engl.)* | das Zuspielen eines bereits vorgefertigten Tonbandes (Backing Track) zu einer Aufnahme, auch das vorgetäuschte Singen zu Plattenaufnahmen im Fernsehen |
| Plektrum | Plättchen zum Anschlagen der Saiten; Pick |
| Plucking *(engl.)* | zupfen |
| Plunger *(engl.)* | Dämpferton |
| poco *(ital.)* | wenig |
| poco a poco *(ital.)* | allmählich |
| polyphon *(griech.)* | vielstimmig; einzelne Stimmen sind rhythmisch und melodisch selbständig |
| portato *(ital.)* | getragen |
| Position *(engl.)* | Lage |
| Postlude *(engl.)* | Nachspiel |
| Potpourri *(frz.)* | Zusammenstellung verschiedener Melodien |
| Präludium *(lat.)*, prélude *(frz.)* | Vorspiel, Einleitung; auch selbständige Form |
| presto *(ital.)* | sehr schnell |
| prima vista *(ital.)* | vom Blatt spielen |
| **Q**uaver *(engl.)* | Achtelnote |
| **R**allentando *(ital.)* | zögernd, allmählich langsamer werdend |
| Rasgueado | Anschlagtechnik, bei der ein „Rollen" der Finger über die Saiten erfolgt |
| Record *(engl.)* | Aufnahme |
| Refrain *(frz.)* | Kehrreim, nach Strophen wiederkehrender Vers |
| Rehearsal *(engl.)* | Probe |
| Release *(engl.)* | Loslassen von gezogenen Tönen |
| Remix *(engl.)* | Neuabmischung und Neubearbeitung eines Songs |
| Rim shot *(engl.)* | Randschlag |
| rinforzando, rinforzato *(ital.)* | plötzlich verstärkt |
| ritardando, rit. *(ital.)* | langsamer werdend |
| ritenuto *(ital.)* | Zurücknehmen des Tempos für einige Takte |
| roll *(engl.)* | Wirbel |
| rubato *(ital.)* | frei im Vortrag |
| **S**ampler *(engl.)* | Instrumente (Keyboards, Expander oder Computer), die die Eigenschaft haben, natürliche Klänge zu digitalisieren und zu speichern und diese z.B. über eine Tastatur in unterschiedlichen Tonhöhen wiedergeben zu können |
| Sampling *(engl.)* | digitaler Aufnahmeprozeß bei Samplern |

| | |
|---|---|
| Scale *(engl.)* | Tonleiter |
| Scat *(engl.)* | improvisierter Gesang aus Lauten und Silben; die Stimme wird als Instrument eingesetzt |
| Score *(engl.)* | Partitur; piano score – Klavierstimme |
| Scratch *(engl.)* | Ab- oder Aufschlag mit dem Zeigefinger |
| Segno *(ital.)* | Zeichen |
| sforzando, sforzato, *sf* *(ital.)* | hervorgehoben, mit Akzent |
| Shake *(engl.)* | starkes Vibrato am Ende eines einzelnen Notenwertes; Lippentriller |
| Sharp *(engl.)* | chromatische Erhöhung eines Tones um einen Halbton |
| Shuffle *(engl.)* | bezeichnet einen Triolen-Rhythmus |
| Single note solo *(engl.)* | Einzeltonspielweise |
| slowly *(engl.)* | langsam |
| Small band *(engl.)* | kleine Besetzung (Combo) |
| smear *(engl.)* | schmieren, Effekt bei Bläsern |
| smoothly *(engl.)* | sanft |
| Snapping *(engl.)* | ein Effekt, der im Jazz-Rock und in der Funk-Musik benutzt wird |
| Sopran | höchste Frauen- oder Kinderstimme |
| Soul *(engl.)* | Musikstil; Mischung von Rhythm & Blues, Gospel und Rock |
| Sound *(engl.)* | identifizierbares, individuelles Klangbild |
| Standard *(engl.)* | Evergreen; oft gespieltes Rock-, Jazz- oder Popmusikthema |
| Stilistik | dem jeweiligen Stil entsprechende musikalische Ausführung |
| Stomp *(engl.)* | musikalisches Prinzip; die melodischen Linien entwickeln sich auf der Grundlage einer ostinaten rhythmischen Figur |
| Stomp pattern *(engl.)* | gleichbleibende rhythmische Formel |
| Stop time *(engl.)* | Wegfall der Begleitung |
| Stop time chorus *(engl.)* | spezielle Art des Chorusspiels |
| Subtone *(engl.)* | mit gehauchtem Ton spielen |
| sul tasto *(ital.)* | am Ende des Griffbretts mit dem Plektrum anschlagen |
| Suspension, sus *(frz., engl.)* | Vorhalt |
| Sweeping *(engl.)* | Technik des Daumenschlages, bei der er schnell von oben nach unten über die Saiten streicht |
| Sweetening *(engl.)* | in der Popmusik das Hinzufügen von Streicher- und Bläserparts zur Rhythmusspur |
| Swing, swinging *(engl.)* | legere, schwingende Spielweise |

| | |
|---|---|
| Tacet *(lat.)* | Pause |
| Tag *(engl.)* | Schlußwendung |
| Takes *(engl.)* | bei Studioaufnahmen verschiedene Versionen eines Stückes oder eines Overdubs |
| tempo primo *(ital.)* | erstes Tempo |
| Tenor | hohe Männerstimme |
| Timbre *(frz.)* | individuelle, unverwechselbare Klangfarbe |
| Timing *(engl.)* | präzises Spiel in einem zeitlich-rhythmischen Ablauf |
| Timpani *(ital.)* | Pauken |
| Ton | entsteht durch sinusförmige Schwingungen. Die regelmäßigen, periodischen Schwingungen ergeben den Klang. Die wichtigsten Eigenschaften des Tones sind seine Höhe, Stärke und Farbe. Die Anzahl der Schwingungen pro Sekunde ergibt die Tonhöhe, die in Hertz (Hz) gemessen und als Frequenz bezeichnet wird. Die Tonstärke wird in Phon gemessen. Der Bezugspunkt beim Einstimmen von mehreren Instrumenten ist der sogenannte Kammerton (s.o.) |
| tonal | tonartlich gebunden |
| Traditional *(engl.)* | altes Blues- oder Jazzthema, auch Folktitel, neu arrangiert |
| Transkription | Umschreiben der Partitur einer Komposition für eine andere Besetzung, z.B. eines Rocktitels für ein großes Orchester |
| Transposition *(lat.:* „Übertragung") | ein Musikstück wird in eine andere Tonart versetzt. Dies kann schriftlich oder auch vom Blatt erfolgen |
| tremolo *(ital.)* | sehr schnelle Wiederholung eines Tones |
| Tritonus *(griech., lat.)* | Intervall aus drei Ganztönen, also eine übermäßige Quarte |
| tutti *(ital.)* | alle |
| Überblasen | bei Blasinstrumenten eine Technik, die Obertöne hervorzubringen |
| unisono *(ital.)* | Spielen im Einklang |
| un poco *(ital.)* | ein wenig |
| upbeat *(engl.)* | Auftakt |

Verzerrer                    Effektgerät; Töne werden übersteuert und verformt
Verzierung der Melodie

|         | *Notierung* | *Ausführung* |
|---------|-------------|--------------|
| Triller |  |  |
| Mordent |  |  |

Vibrato *(ital.)*            „Beben"; Tongestaltung durch geringe Tonhöhenschwankungen
Voco *(ital.)*               Stimme
vokal                        gesungen
Vokalise                     textloser Gesang auf Silben oder Vokalen
Volume *(engl.)*             Lautstärke

Walking Bass *(engl.)*       durchlaufende Baßfigur auf allen Zählzeiten
Wiederholungszeichen         (siehe S. 17)
With a beat *(engl.)*        stark, rhythmisch
With feeling *(engl.)*       mit Gefühl

# CD-Index

CD 01 – Die Notenwerte .................................................................... 11
CD 02 – Die Triolen ........................................................................... 18
CD 03 – Triolenfeeling ...................................................................... 19
CD 04 – Synkopen ............................................................................. 20
CD 05 – Artikulierungs- und Phrasierungszeichen .......................... 22
CD 06 – Die C-Dur-Tonleiter ............................................................ 30
CD 07 – Die reine Moll-Tonleiter ..................................................... 31
CD 08 – Die harmonische Moll-Tonleiter ........................................ 32
CD 09 – Die melodische Moll-Tonleiter .......................................... 33
CD 10 – Die chromatische Tonleiter ................................................ 39
CD 11 – Die pentatonische Tonleiter ............................................... 39
CD 12 – Die Ganzton-Tonleiter ........................................................ 40
CD 13 – Zigeuner-Moll ..................................................................... 40
CD 14 – Zigeuner-Dur ...................................................................... 40
CD 15 – Die Bluestonleiter ............................................................... 41
CD 16 – Die modalen Skalen ........................................................... 42
CD 17 – Die leitereigenen Dreiklänge in C-Dur .............................. 43
CD 18 – Die leitereigenen Dreiklänge in A-harmonisch-Moll ....... 43
CD 19 – Die vier Grundtypen .......................................................... 44
CD 20 – Die wichtigsten Akkorde im Überblick ............................. 47
CD 21 – Der Dreiklang und seine Umkehrungen ........................... 49
CD 22 – Umkehrungen: Quint-, Oktav-, Terzlage ........................... 49
CD 23 – Umkehrungen: Weite Lage ................................................ 49
CD 24 – Nonenakkorde .................................................................... 51
CD 25 – Undezimen-, Tredezimenakkorde ..................................... 51
CD 26 – Vorhalt ................................................................................ 52
CD 27 – Die Dur-Kadenz ................................................................. 53
CD 28 – Dur-Kadenz: Quint-, Oktav-, Terzlage .............................. 54
CD 29 – Kadenz mit einem Dominantseptakkord .......................... 55
CD 30 – Die Umkehrungen des Dominantseptakkordes ............... 56
CD 31 – Die Moll-Kadenz ................................................................ 56
CD 32 – Die Blueskadenz ................................................................ 57

Dietrich Kessler

# Neue Musiklehre & Songcomposing

Klassik – Jazz – Blues – Rock

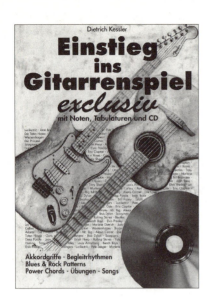
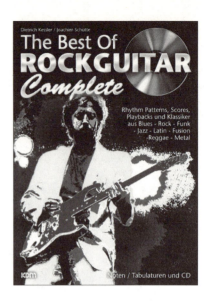

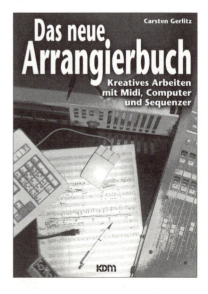

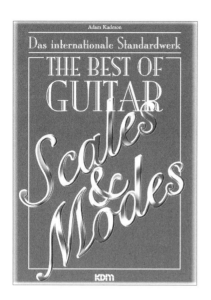
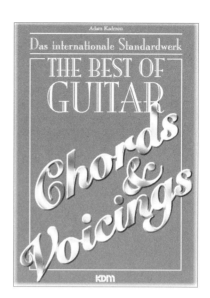
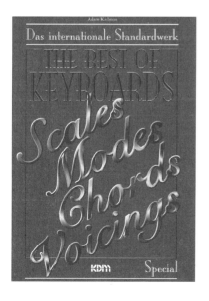

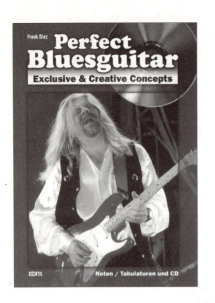

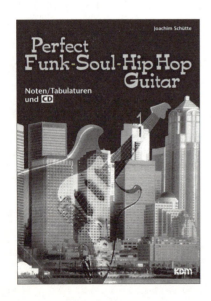